AF346371

SOUVENIR

DU 15 FEVRIER 1887

———

MARIAGE

de Monsieur Maurice BELZAC

et de Mademoiselle Joséphine BERTHOLLE

———

ALLOCUTION

prononcée dans l'Église St-Ferdinand-des-Ternes

PAR

M. l'Abbé LEBLANC

SOUVENIR

DU 15 FEVRIER 1887

MARIAGE

de Monsieur Maurice **BELZAC**

et de Mademoiselle Joséphine **BERTHOLLE**

ALLOCUTION

prononcée dans l'Église St-Ferdinand-des-Ternes

PAR

M. l'Abbé LEBLANC

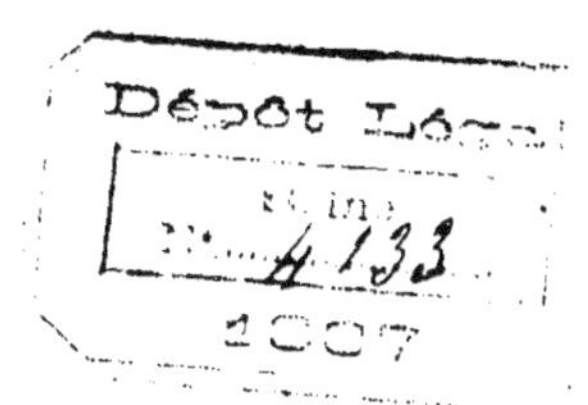

Monsieur, Mademoiselle, Mes Frères,

Lorsqu'il est appelé par le vœu des familles à
bénir les alliances qui en rapprochent et en con-
fondent les branches, le prêtre remercie le ciel
de rencontrer autant de sujets de consolation pour
le présent et de sécurité pour l'avenir. S'il est
vrai que l'œil de la mère se voile d'une larme, en
suivant à l'autel l'enfant de sa tendresse, qui, pour
la première fois, échappe à la protection de ses
ailes; si le cœur plus ferme du père n'est pas lui-
même exempt d'inquiétude en présence des éven-
tualités, qui déjouent les calculs de la prudence
humaine; comment l'âme du prêtre, si souvent
attristée par les révélations, que lui apporte l'expé-
rience du monde, ne tremblerait-elle pas pour
les trésors de la Foi, de la Piété bien autrement
précieux que ceux de la terre? Et cependant, c'est
le sentiment de la confiance qui domine ici dans
tous les cœurs. Ah! c'est qu'en voyant ce jeune
couple, si religieusement agenouillé au pied des
autels, chacun s'est rappelé, sinon la parole.

au moins la pensée du prophète royal : *C'est Dieu qui a fait cela*, c'est son doigt qui a tout dirigé, tout préparé, et ce que Dieu fait est toujours digne de notre admiration et de nos hommages.

Rappelez-vous, en effet, mes chers amis, les circonstances de votre première rencontre, et voyez s'il est possible de méconnaitre l'intervention providentielle qui a préparé et qui conduit aujourd'hui vos nouvelles destinées. Inconnues l'une à l'autre, partant l'une et l'autre de deux points éloignés, qui semblaient ne devoir se rencontrer, qui eût pu croire que vos deux existences fussent, dans le dessein de Dieu, appelées à s'unir pour fonder une famille nouvelle ? Et cependant, comme si Dieu lui-même vous avait marqués d'un signe distinctif, à peine étiez-vous en présence, qu'une sorte d'intuition vous faisait dire. chacun de votre côté : Il me semble que c'est la jeune fille que j ai désirée. Il me semble que c'est le jeune homme que j'ai demandé..... Mais aussi, disons-le, ma chère enfant, vous aviez tant prié, qu'il était impossible que Dieu n'exauçât point vos vœux. Si la mère chrétienne, que Dieu associe aux gloires de la création, forme. pour ainsi dire, dans les lentes et pieuses méditations de son cœur l'âme du cher petit être, qui tout à l'heure réjouira la terre, pourquoi la jeune fille n'aurait-elle pas la même puissance, s'il s'agit de l'époux qu'elle demande au Seigneur ?

N'est-ce point une vérité que Dieu s'est réservé
de façonner de ses mains tout cœur qui doit habiter
une poitrine humaine? *Finxit singillatim corda
eorum.* Et pourquoi une âme d'élite, dans celui qu'il
lui destine, ne serait-elle pas la récompense de la
jeune vierge qui s'immole et qui prie? — Aussi
bien je ne dirai pas ce que vous avez trouvé dans
l'époux que le ciel place sur votre route, il me se-
ra du moins permis de dire ce que vous avez dési-
ré rencontrer en lui. « Seigneur! vous êtes-vous
plus d'une fois écriée au pied des autels. Seigneur! je m'en rapporte à vous ; envoyez-moi
comme jadis à Sara, un jeune homme de votre
main. Que son passé, non seulement honorable,
mais irréprochable, me soit une garantie de
l'avenir: je le veux bon, d'un caractère heureux :
mais surtout qu'il soit chrétien et, qu'aux saintes
croyances de ses pères, il joigne les inséparables
pratiques, qui en sont le complément! Ah! j'ou-
bliais de vous dire, ô mon Dieu, qu'aux qualités
personnelles de mon futur époux je désirerais
voir se joindre les qualités héréditaires qui en
doublent le prix. Si ses ascendants rappelaient
l'image de ces familles patriarcales, où, sous l'œil
paternel, les enfants s'étudiaient dans les luttes
fortifiantes du travail et de la vertu ; s'il descen-
dait lui-même d'une mère généreuse au devoir,
inflexible au chemin de l'honneur, dont le cœur
sut s'ouvrir aux douces émotions de l'amour qui

se dévoue et s'oublie jusqu'au pardon, dont la vie pût m'être proposée comme modèle! Si..... Mais c'est trop exiger, Seigneur! et je m'arrête.....

Dieu, mon enfant, a souri à la naïveté de votre prière. Celui que vous avez entrevu, à la lumière de la foi, comme le compagnon de votre vie, est là devant vous, tel que les efforts heureusement combinés du Créateur et de la créature, l'ont fait pour le bonheur de votre vie. Il est là escorté des sympathies multiples que lui ont méritées l'honorabilité de ses ancêtres, la régularité de sa vie, les agréments de ses mœurs épurées et polies à l'école de la religion du Christ, qui, quoi qu'on en dise, est et restera la plus grande école de respect qui soit dans l'univers. Il est là, et plus d'une mère, le contemplant, put l'envier à celle dont, mûr avant l'âge, il sut si bien être la consolation, le conseil et l'appui. Noble fils, frère tendrement dévoué, pourrait-il n'être pas le modèle des époux?

Mais Dieu ne fait pas les choses à demi, et, pendant qu'il écoutait votre prière, il prêtait une oreille attentive aux vœux de celui qu'il vous destinait.

On peut être exigeant, quand on s'adresse à Dieu. Comme sa puissance est infinie, sa libéralité est inépuisable, et c'est pourquoi Jésus disait cette parole, qui à elle seule décèle un Dieu : *Tout ce que vous demanderez à mon Père en mon nom, il vous l'accordera.* Fort de cette puissance, qui ne trompe pas, vous avez demandé, Monsieur, une jeune épouse qui fût, non seulement l'ornement de votre maison par les qualités de son éducation et les ressources de son esprit, mais qui en fût l'âme surtout par la solidité de sa vertu. L'avenir dira si le don a répondu à votre demande... Ce que je sais, c'est qu'à toutes les choses, qui forment le fond d'une vie, Dieu ajouta ce qui la perfectionne et la complète : une piété douce et tendre, héritage saint d'une longue lignée d'ancêtres, une tranquille et sereine résignation dans les épreuves les plus délicates, une invariable confiance dans la Providence de Dieu qui, elle le disait, aurait pour elle aussi son heure! Ce saint abandon ne reçoit-il pas aujourd'hui sa récompense?

Aussi bien une voix plus autorisée que la mienne devrait ici se faire entendre. Et, si le poids des années consacrées au Seigneur, n'avait arrêté l'élan de son cœur, qu'il serait heureux le prêtre vénérable, qui garde en ses mains octogénaires les traditions de sa famille, d'exercer auprès de vous son ministère sacré, et de dire, en la bénissant, les vertus de l'enfant qu'il couvre de sa tendresse. Comme sa prière s'élèverait grave et sainte jusqu'au trône de Dieu, pour en faire descendre, avec ce reflet divin qui éclaire son visage, les bénédictions qui fécondent et qui sanctifient! Mais Dieu ne l'a pas voulu! Et c'est seulement de loin, dans la vieille église, d'où n'ont pu l'arracher de plus grands honneurs, qu'à cette heure ses mains tremblantes appellent sur votre tête les grâces d'en haut. Ah! puissent-ils prêter à sa prière une oreille attentive, les saints illustres dont la vie et le crédit se trouvent si intimement unis à l'histoire de votre pays! Puissent-ils vous rendre en bienfaits une hospitalité, reçue en des jours qui ne sont point sans gloire! Daigne l'aïeule de notre Seigneur, en souvenir de ce sanctuaire érigé par la piété de vos pères, et témoin de votre naissance à la vie de la grâce, implorer, pour la famille que vous fondez, la sainteté, la douce paix, dont la sienne est restée parmi nous la plus paisible image! Puisse aussi l'illustre Bernard, dont la présence a sanctifié cette terre, donner à votre survivance la durée séculaire du chêne légendaire, qui, chez vous, offrit à sa prédication la protection de son ombrage!

Pour la réalisation de ces vœux, vous n'oublierez pas, Monsieur et Mademoiselle, à cette heure solennelle, les grands enseignements de l'Eglise. Si elle vous comble aujourd'hui des bienfaits de sa maternelle bonté, elle ne laisse pas que de faire entendre la voix de ses autres leçons. Souvenez-vous, dit-elle, que vous êtes les enfants des Saints et que vous ne sauriez entrer dans l'état de mariage, comme ceux qui ne connaissent pas Dieu. Souvenez-vous qu'étant l'image de l'union de Jésus-Christ avec son Eglise, la vôtre, comme celle-là, doit revêtir tous les caractères de la sainteté, devant Dieu et devant les hommes, et que, de même qu'issue de Jésus-Christ, en une extase d'amour, l'Eglise consacre toutes ses forces pour la perpétuité et la sanctification des âmes, de même votre épouse, qui est une partie de vous-même, est destinée de par Dieu à perpétuer votre race, sous l'œil continuellement attentif de votre esprit, de votre cœur surtout. Une pensée résumera toute l'économie de votre double vie et vous apportera dans une juste mesure la notion de vos réciproques devoirs. « La « femme, dit un grand génie, n'a point été tirée de « la tête de l'homme, parce que Dieu voulait ainsi « la mettre en garde contre toute idée de domina- « tion. Elle n'est point non plus sortie de ses pieds, « de crainte que l'homme fût tenté de la traiter « comme son esclave. Mais Dieu l'a tirée de son « côté, c'est-à- dire de la région la plus voisine « de son cœur, pour qu'elle fût regardée et respec- « tée comme l'égale et la compagne de l'homme. »

Touchante doctrine, où, sous l'influence de l'Evangile, il m'est donné de voir deux existences s'unir, se confondre et s'aimer pour ensemble porter le poids de la vie, ensemble affronter les fatigues du chemin qui mène à Dieu, et ensemble surtout se sanctifier dans la difficile formation de l'enfant, qui, s'il est ici-bas la couronne des auteurs de ses jours, n'en reste pas moins invariablement et toujours la chose de Dieu, de qui découle toute paternité.

Mademoiselle, ma chère enfant, entrez mainte-

nant dans cette famille, où, je le sais, vous attend,
avec ses joies, le spectacle de la religion respectée.
Sans quitter votre mère chérie, qui ne pourrait
soutenir les déchirements de la séparation, vous
devenez la seconde fille d'une autre mère telle que
vous l'avez souhaitée ; sans quitter une sœur tendrement aimée vous en rencontrez une autre pour
vous tendre les bras et vous guider dans la direc-
tion chrétienne du foyer que vous allez fonder. Oh
oui ! qu'elle soit chrétienne cette nouvelle famille ;
qu'elle soit un Paradis terrestre, d'où rayonne sur
vos parents et amis une visible impression de bonheur et de paix ; qu'elle soit un sanctuaire protec-
teur, qui accueille, à leur entrée dans la vie, les
petits anges que Dieu reserve à la vieillesse des auteurs de vos jours ; que dans son sein, leurs âmes
s'ouvrent aux célestes clartés de l'Evangile et ap-
prennent à cette première école, que l'on n'oublie
jamais, sur vos genoux, avec le nom et l'amour de
Dieu, le nom et l'amour de toutes les nobles et saintes choses, qui sont le bien, l'honneur et la sauve-
garde des individus, des familles, des nations et
des peuples !!

Et maintenant, chers amis, sous le regard de
Jésus-Christ et de son auguste mère, en présence
des saints si chers, dont tantôt j'invoquais le souvenir, en face de l'Eglise et de ces prêtres vénérés,
qui sont venus vous apporter l'honneur de leurs
présence et le secours de leur prières : devant ces

dignes et respectables témoins, qui ont bien voulu vous assister ; devant vos parents et vos amis ; vous allez vous lever, et, la main dans la main, prononcer de bouche et de cœur **le serment inviolable** d'être à jamais l'un à l'autre et **tous** deux à Dieu !

Au nom du Père et du Fils et du Saint-Esprit. Ainsi-soit-il.

Saint-Ferdinand des Ternes. Paris, le 15 février 1887.

Imp. Paris, DÉCEMBRE, 326, rue de Vaugirard